VOLTAIRE
EN VACANCES,

COMÉDIE-VAUDEVILLE EN DEUX ACTES,

PAR MM. DE VILLENEUVE ET Ces. DE LIVRY,

REPRÉSENTÉE A PARIS, POUR LA PREMIÈRE FOIS,
SUR LE THÉATRE DU PALAIS-ROYAL,
LE 21 JUIN 1836.

PRIX : 2 FRANCS.

PARIS,
J.-N. BARBA, LIBRAIRE,
PALAIS-ROYAL, GRANDE COUR, DERRIÈRE LE THÉATRE FRANÇAIS,
PRÈS DE CHEVET.

1836.

PERSONNAGES.	ACTEURS.
Le Marquis DE CHATEAUNEUF.	M. LEVASSOR.
NINON DE LENCLOS.	Mme THÉODORE.
AROUET, filleul du Marquis.	Mlle DÉJAZET.
Le père LEJAY, professeur au Collége Louis-le-Grand.	M. BOUTIN.
JEAN REMI, ancien soldat, concierge de Ninon.	M. BARTHÉLEMY.
GEORGETTE, sa fille.	Mlle DELPHINE.
Un Page du roi.	
Un Bailli.	
Convives.	
Paysans, Paysannes.	

La Scène se paese chez Ninon, à Ville-d'Avray.

Imp. Chassaignon, rue Gît-le-Cœur, 7.

VOLTAIRE

EN VACANCES,

COMÉDIE-VAUDEVILLE EN DEUX ACTES.

ACTE PREMIER.

Le Théâtre représente une vue du parc de Ninon ; à droite, l'entrée d'une des ailes du château. Du côté opposé, l'entrée d'un corps-de-logis formant pavillon. Dans ce pavillon, pratiqué sur le second plan, une fenêtre fait face au public, et laisse voir l'intérieur d'une bibliothèque. Le fond du Théâtre est fermé par une balustrade en forme de terrasse, donnant sur une des allées du parc. Plusieurs statues, et des siéges de jardin garnissent le Théâtre.

****

SCÈNE PREMIÈRE.

NINON, *assise et lisant*, CHATEAUNEUF, UN DOMESTIQUE.

CHATEAUNEUF, *arrivant par le fond, il a les yeux fixés sur un cahier qu'il tient à la main.* A mon entrée dans l'illustre corps où m'ont appelé vos glorieux suffrages, je... j'ai...

NINON, *à part.* Allons, voilà encore ce pauvre marquis de Châteauneuf qui travaille à son discours de réception à l'Académie française.

CHATEAUNEUF, *même jeu.* A mon entrée dans l'illustre corps... où...

NINON. Eh bien! marquis?

CHATEAUNEUF, *cachant son manuscrit dans sa poche.* Mademoiselle de Lenclos!

NINON. Votre promenade de ce matin a-t-elle été fructueuse?.. Avez-vous trouvé de belles pensées?..

CHATEAUNEUF. J'en ai cherché toute la matinée... Aussi, j'espère que demain...

NINON. Mais, demain, c'est le jour de votre réception... Ce pauvre marquis! il va rester court sur son fauteuil doré... en présence de toute l'assemblée. (*Elle rit.*)

CHATEAUNEUF. Ingrate!.. est-ce à vous de rire de mon embarras, quand vous en êtes cause?.. Vos rigueurs...

NINON. Mes rigueurs!.. En effet, vous m'en parlez sans cesse... (*à part.*) Jadis on ne me parlait que de mes faiblesses.

CHATEAUNEUF. Mais songez que mon amour...

NINON. Allons, mon ami, laissons cela, et causons d'autre chose... de votre filleul, par exemple, de ce jeune Arouet, que vous avez amené dernièrement à mon château de Ville-d'Avray, pour y passer les vacances... Savez-vous que c'est un enfant charmant?

CHATEAUNEUF. Oui, le petit drôle est assez espiègle... Il ne manque pas d'un certain esprit...

NINON. Il en pétille... Quelle vivacité dans ses reparties! quelle expression dans son regard!

CHATEAUNEUF. C'est dommage qu'il ait un bien vilain défaut... Il s'obstine à faire des vers...

NINON. Je le sais, car, hier, il en a composé de charmans pour Jean-Remi, mon concierge, un vieux soldat infirme, qui a fait toutes les campagnes de Turenne et de Catinat, sans pouvoir obtenir le moindre grade ni la plus petite pension... Arouet, indigné de cette injustice, a improvisé un placet, que le vieux brave a dû présenter ce matin à Versailles, au roi lui-même... Tenez, écoutez :

» Sire, vous possédez d'assez bons revenus ;
» Car vous avez, dit-on, cent millions de rente,
» Exempts d'impôts et de patente,
» Ce qui fait à-peu-près par jour cent mille écus,
» Ou bien quatre mille par heure ;
» Moi, qui vous ai servi vingt ans,
» Ne pourrai-je obtenir, sire, avant que je meure,
» Un quart-d'heure de votre temps? »

CHATEAUNEUF. Oui, je sais qu'il a des dispositions ; mais son père ne veut pas qu'il embrasse la carrière des lettres.. Il menace même de déshériter le petit bonhomme, s'il persiste...

NINON. Vraiment!

CHATEAUNEUF. Je crois qu'il veut faire de lui un avocat, un procureur, un... que sais-je!

UN DOMESTIQUE, *entrant.* M. l'abbé Lejay, qui arrive de Paris, demande à parler à mademoiselle de Lenclos, de la part de M. Arouet, père.

NINON. Ah! ah! l'abbé Lejay, professeur de notre jeune homme, au collége Louis-le-Grand, et l'un des plus chauds partisans de la Compagnie de Jésus... Je vais le recevoir.

CHATEAUNEUF. Pendant ce temps-là, moi, je vais poursuivre la confection de mon chef-d'œuvre... Je me sens en verve aujourd'hui.

NINON. Profitez-en, marquis... cela ne vous arrive pas tous les jours.

AIR : *Désormais plus d'absence.* (Mari charmant.)

Etonnez l'auditoire
Par vos traits,
Et méritez la gloire
D'un succès.

CHATEAUNEUF.

Puisque votre image
Est toujours devant mes yeux,
Elle me présage
Un avenir glorieux.
S'il faut vous en croire,
Je vais finir mon discours,
Poussé par la gloire,
Et bercé par les amours.

ENSEMBLE.

NINON.

Etonnez l'auditoire, etc.

CHATEAUNEUF.

Ninon, vous pouvez croire
Désormais
Que j'obtiendrai la gloire
D'un succès.

(*Elle sort, suivie du domestique.*)

SCENE II.

CHATEAUNEUF, puis AROUET.

CHATEAUNEUF, *reprenant son manuscrit.* A mon entrée dans l'illustre corps... où m'ont appelé vos glorieux suffrages... Voilà bien où j'en suis resté... C'est le troisième préambule que je compose... Tout-à-l'heure j'avais une foule d'idées... et, maintenant... c'est singulier, elles viennent très-lentement, et elles s'en vont tout de suite... Allons, voilà cet étourdi d'Arouet.

AROUET, *entrant en courant.*

AIR : *Le Lever.* (d'Hyppolite Monpou.)

Oui, je serai poète;
Car une voix secrète
Me dit qu'entre Milton,
Boileau, Corneille, Horace,
Un jour sur le Parnasse
J'irai graver mon nom.

Je veux chanter la France,
Soutenir l'innocence,
Exalter les vertus;
Je veux fronder le vice,
Et de ma voix novice
Foudroyer les abus...

Oui, je serai poète, etc.

A bas les hypocrites !
Les cagots, les jésuites !
Je les démasquerai...
A bas les priviléges...
Et surtout les colléges !
Je les démolirai !...

Oui, je serai poète, etc.

CHATEAUNEUF. Silence, donc, monsieur, vous m'empêchez de travailler à mon discours.

AROUET. Pardon, mon parrain, c'est qu'en arrivant ici j'ignorais que j'allais troubler les méditations d'un immortel.

CHATEAUNEUF. Mauvais plaisant!.. vous voudriez bien le devenir aussi, vous... avec vos idées d'ambition...

AROUET. On peut toujours l'être, mon parrain... par la grâce du marquis de Barbezieux, le ministre, et la protection de M. de Lamothe, président de l'Académie.

CHATEAUNEUF. C'est possible, monsieur; mais si l'on ne devait pas cette récompense à mes écrits, on la devait à mon titre.

AIR : *Vaudeville de Partie carrée.*

L'Académie a voulu rendre hommage
Au marquis plutôt qu'au savant.

AROUET.

A l'immortel aréopage
Un tel choix fait honneur vraiment.

CHATEAUNEUF.

Ils m'ont ainsi, de la place vacante,
Tous d'une voix donné le numéro.

AROUET, *à part.*

C'est qu'ils savaient que pour former quarante
Il faut bien un zéro.

(*Haut.*) Ah ça! mon parrain, où donc est mademoiselle de Lenclos? je n'ai pas encore eu le bonheur de la voir aujourd'hui; et, quand cela m'arrive, il me semble que mon cœur ne bat plus aussi librement, que la nature est moins belle... le soleil moins brillant... enfin, que tout autour de moi est sombre et décoloré.

CHATEAUNEUF. Eh! mon dieu! comme tu t'enflammes!

AROUET. Je suis si fier de demeurer depuis huit jours chez Ninon! chez la femme la plus aimable et la plus célèbre de son siècle!.. Par malheur, elle n'en est pas la plus jeune; mais, c'est égal, elle est encore bien jolie.

CHATEAUNEUF, *riant.* Comment, petit bonhomme, tu as remarqué cela?..

AROUET. Et bien d'autres choses encore.

CHATEAUNEUF. Ah! ah! ah! ah! est-il drôle, ce petit gaillard-là... Avoir de pareils idées à son âge... (*A part.*) Je vois qu'il ne faudra pas trop tarder à le renvoyer à son collége.

AROUET. Eh bien! qu'avez-vous donc, mon parrain? Vous me regardez d'un air...

CHATEAUNEUF. Je n'ai rien... absolument rien... Seulement je pensais...

AROUET. Ah! vous pensiez... (*A part.*) Eh bien! c'est du nouveau.

CHATEAUNEUF. Je pensais que tu me fais perdre mon temps à causer de choses étrangères à mon discours.

AROUET. Eh bien! si vous voulez m'en croire, mon parrain, vous allez vous rendre là bas, près de la pièce d'eau... Il y a un bosquet délicieux... couvert de chèvrefeuille, et sous lequel coule un ruisseau limpide comme le cristal... C'est toujours là que je vais m'asseoir quand je veux composer, et les idées m'arrivent en foule... Impossible de ne pas en trouver mille pour une.

CHATEAUNEUF. Ah! tu crois que c'est la localité... qui produit cet effet... En ce cas, je m'y rends à l'instant même... Je regarderai couler l'eau pendant deux ou trois heures, et si au bout de ce temps je n'ai pas terminé mon discours, j'aurai bien du malheur. Au revoir, Arouet; si tu rencontres mademoiselle de Lenclos, tu lui diras que je ne tarderai pas à revenir.

AIR *des Puritains.*

Dans la paix et le mystère,
Mon style aura plus de couleur;
J'aurai du talent, j'espère,
Sous cet ombrage protecteur.
Ninon va revenir, je le pense.

AROUET, *à part.*

En ces lieux exprès je l'attendrai.

CHATEAUNEUF.

Surtout fais-lui prendre patience.

AROUET.

Il suffit, parrain, je tâcherai.

ENSEMBLE.

CHATEAUNEUF.

Dans la paix et le mystère, etc.

AROUET.

Dans la paix et le mystère,
Le style a plus de couleur;
Vous terminerez, j'espère,
Sous cet ombrage protecteur.

CHATEAUNEUF, *en sortant, et reprenant son manuscrit.* A mon entrée dans l'illustre corps, où m'ont appelé vos glorieux suffrages...

SCENE III.

AROUET, *seul.*

Il est parti... c'est tout ce que je voulais... mademoiselle de Lenclos va venir, a-t-il dit... Tant mieux! je pourrai, pour la première fois, me trouver seul avec elle, et lui faire ma déclaration. Le temps presse, car la rivalité de mon parrain commence à m'inquiéter.. Heureusement il a cinquante ans, c'est trop... oui; mais, moi, je n'en ai que quinze, et ce n'est pas assez... Le voilà devenu savant par hasard, et, moi, je ne suis rien... pas même académicien! Cependant, il n'est pas fort, si j'en crois ce manuscrit que j'ai trouvé hier sur son bureau, et auquel il travaille depuis huit jours. (*Il tire un manuscrit de sa poche.*) Quel style! quelles idées!.. Cela m'a mis en fureur... Aussi j'ai pris sa plume... une plume d'oie, par parenthèse, et, cette nuit, avant de m'endormir, j'ai fait sa besogne... Il y avait tant de belles choses à dire dans son discours!.. Je suis content de mon travail; cela m'a fait naître des idées superbes, et fait faire de bien jolis rêves sur mon avenir... sur Ninon, surtout... Oh! je crois la voir encore.

AIR : *Entre dans ma tartane.* (Labarre.)

Grand dieu! qu'elle était belle!
Quel regard! quel œil noir!
Aussi j'ai mis en elle
Mon bonheur, mon espoir!

De cent mille beautés c'était encor la reine,
Rien n'égalait pour moi sa grâce et sa bonté,
Et sa main, doucement s'échappant de la mienne,
Me montrait le chemin de la postérité.

Ah!
Grand dieu! qu'elle était belle! etc.

Je ressentais alors un plaisir sans mélange,
J'entendais commencer de célestes concerts...
Une voix me frappait... c'était celle d'un ange
Qui veillait sur ma gloire et me dictait mes vers.

Ah!
Grand dieu! qu'elle était belle! etc.

Dieu! voici Ninon... Quel bonheur!.. C'est l'occasion que je cherchais! (*Il remet son manuscrit dans sa poche.*)

SCENE IV.

AROUET, NINON, LEJAY.

NINON, *à Lejay, en entrant.* Allons, M. Lejay, puisque vous le voulez absolument, je vais lui parler.

AROUET, *vivement, et à part.* Mon professeur est avec elle!.. (*Haut.*) Enchanté de vous voir, mon cher M. Lejay... (*A part.*) Que le diable t'emporte!

LEJAY. Mademoiselle de Lenclos m'a dit qu'elle était satisfaite de votre conduite...

NINON. Et de son esprit, que j'apprécie chaque jour davantage... Oh! il ira loin!

LEJAY. C'est possible; mais cela ne prouve rien encore... On change en vieillissant.

AROUET. M. Lejay, vous aviez donc bien de l'esprit étant jeune?..

LEJAY. Qu'est-ce à dire?..

NINON. Arouet!

AROUET, *à part.* Attrappe!

NINON. Voyons, mon jeune ami, parlons un peu raison.

AROUET, *à part.* J'aimerais bien mieux lui parler d'amour.

NINON. M. Lejay a vu votre père ce matin ; il n'est pas content de vous.

AROUET. Pourquoi donc?

LEJAY. Parce que vous refusez toujours de prendre un état.

AROUET. Un état!.. un état!.. voilà un mot qui me met hors de moi.

LEJAY. Vous n'avez pas voulu être jésuite, consentez au moins à être avocat ou procureur.

AROUET. C'est cela!.. que j'échappe à un froc de tartuffe pour tomber dans une robe de hâbleur!.. non!.. mille fois non! Ne dirait-on pas, à les entendre, qu'on n'est quelque chose dans ce monde que par le métier qu'on exerce! C'est par son génie, par ses talens, par sa gloire qu'on est tout!.. et je le prouverai à mon père, s'il veut me laisser seulement quelques années pour cela.

NINON. Mais vous ne voulez donc rien faire!

AROUET. Au contraire, je veux faire de tout!.. des tragédies, des romans, des odes, des poëmes épiques!.. J'ai tant de choses dans la tête que je ne sais par où commencer.

LEJAY. Décidément, il est fou!

AROUET. Je suis fou de la gloire... (*à part.*) et de Ninon!

NINON. La gloire, c'est fort beau!.. mais cela ne fait pas vivre.

AROUET. Ah! mademoiselle, cela fait vivre des milliers d'années!.. (*Ouvrant brusquement la porte de la bibliothèque où l'on aperçoit des livres.*) Tenez! croyez-vous qu'ils soient morts tous ces grands hommes qui sont là?.. Pascal, Fénélon, Boileau, Lafontaine... et là-haut, le plus grand de tous, Corneille!..

(*Il attire à lui un fauteuil, s'élance dessus et lève le bras pour prendre un livre.*)

NINON. Etourdi!.. que faites-vous?

AROUET, *avec enthousiasme.* Tout ce que je peux pour atteindre Corneille!

LEJAY. Salir un fauteuil pour cela!

AROUET.

AIR : *Ce magistrat irréprochable.*

Croyez-moi, mon cœur est sincère;
Je sais de près, comme de loin,
Tout ce que je dois à mon père,
D'égards, de tendresse et de soin :
Lui plaire est ma plus chère envie;

Mais est-il juste, en vérité,
Parce qu'il m'a donné la vie,
Qu'il m'ôte l'immortalité?
Il ne m'a donné que la vie,
Moi je veux l'immortalité!

NINON. Quel noble enthousiasme!

LEJAY. Comment, mademoiselle, vous ne l'accablez pas du poids de votre indignation!

NINON. Au contraire, M. Lejay, je trouve qu'il a raison... Je suis enchantée de n'avoir pu le convaincre, et je l'encourage maintenant de toutes mes forces à persister dans sa désobéissance.

LEJAY. Mais, mademoiselle...

AROUET, *d'un air de triomphe.* Ninon m'encourage!.. Ah! ah! qu'avez-vous à dire à cela?

NINON, *le prenant par la main.* Oui, mon ami... Ninon désormais prétend vous servir de guide dans la carrière que vous allez parcourir; et, pour vous laisser d'elle un souvenir qui vous soit cher et qui profite à votre jeunesse, elle vous fait présent de cette bibliothèque.

AROUET, *avec surprise.* Eh quoi! tous ces beaux livres seraient à moi?

LEJAY, *à part.* Donner cela à un enfant!.. quelle prodigalité!

NINON. Boileau, Racine, Molière, mes anciens amis, ont enrichi ce trésor de leurs chefs-d'œuvre... J'espère qu'un jour vous ferez comme eux; et si je ne puis être témoin de vos triomphes, j'emporterai du moins au tombeau l'idée que j'ai conservé un grand homme à la France!

AROUET, *très-ému.* Ah! mademoiselle... ma joie... ma reconnaissance... Comment vous exprimer?.. Mon cœur bat... ma vue se trouble... j'ai presque envie de pleurer.

NINON, *à part.* Comme il sent vivement!

AROUET, *essuyant une larme.* Oui, oui... je pleure... mais c'est de plaisir, de bonheur!.. (*à part.*) Dieu! la bonne occasion pour me déclarer!.. quel dommage de ne pas être seul avec elle!.. Maudit père Lejay!.. N'importe, essayons toujours mais adroitement... et sans la compromettre. (*haut.*) Mademoiselle, je... je...

NINON. Eh bien! comme vous voilà tremblant!.. Vous baissez les yeux... vous balbutiez... En vérité, on vous prendrait pour un amoureux.

AROUET. Eh bien, oui, mademoiselle, je suis amoureux!

LEJAY. Comment, monsieur, vous vous permettez...

NINON. A votre âge!..

AROUET.

Je suis jeune, il est vrai; mais aux âmes bien nées...

Enfin je suis amoureux comme le Cid, comme Oreste, comme Othello!

NINON, *riant*. Ah! ah! ah! le drôle d'enfant!

LEJAY. Fi! monsieur, vous devriez rougir!..

NINON. Pourquoi?.. si celle qui lui a inspiré cette passion est digne de lui... L'amour élève notre âme, agrandit nos idées... et bien des hommes seraient restés obscurs, si l'enthousiasme d'un premier amour n'avait fait naître et développé en eux un élan sublime, un désir de gloire, qui souvent les rendit immortels.

AROUET. Oh! oui, mademoiselle; vous avez raison!.. Plus que jamais il embrase mon cœur, ce désir de gloire, cet élan sublime!.. et pour celle que j'aime... je me sens capable de tout.

LEJAY, *à part*. Quelle démoralisation!.. Je m'en irais d'ici sur-le-champ... si j'avais dîné.

NINON. Eh bien, mon ami, ne restez pas en si beau chemin... que l'amour vous donne l'audace d'entreprendre un grand ouvrage.., un poëme... une tragédie.

AROUET. Une tragédie!.. oh! oui, ce serait bien beau!.. Et vous croyez qu'elle m'aimera?

NINON. J'en suis sûre, car, j'en juge par moi-même... Si Ninon eut quelques faiblesses à se reprocher, ce ne fut jamais que pour des hommes illustres.

AROUET. Il suffit!.. Je ferai une tragédie... j'en ferai dix... j'en ferai vingt!

LEJAY, *ne pouvant plus se contenir*. Silence, monsieur... Je ne peux plus y tenir; et, si vous continuez, j'irai tout dire à M. Arouet, votre père, qui vous maudira... qui vous déshéritera.., et il aura raison! car à quoi cela sert-il sur la terre un poëte... à quoi cela est-il bon, je vous le demande?

SCENE V.

LES MÊMES; JEAN REMI, GEORGETTE.

(*Remi porte un sac sous le bras.*)

REMI, *accourant*. J'ai mon quart-d'heure... j'ai mon quart-d'heure!

AROUET. Ah! c'est Jean Remi.

JEAN REMI.

AIR *de Marianne.*

De c' pas j'arrive de Versaille,
En personne j'ai vu le roi.
Un jour de gloire et de bataille
Ne fut jamais plus beau pour moi!
Louis passait,
J'offr' mon placet,
Qu'il prend d' mes mains, en dépit d'un valet.
Il s'met à l' lire...
D'un éclat d' rire
Il part soudain,
S'approche, et m' dit enfin :

« Tu es soldat, vieux et invalide?— Oui, Sire. — Tu as mérité ce que tu me demandes?—Oui, Sire.—D'ailleurs, on ne peut rien refuser à de si jolis vers... voyez plutôt, messieurs, » qu'il ajoute en se retournant vers ses courtisans... Et comme le roi avait ri, ils partent tous d'un éclat de rire... Alors un grand escogriffe, chamarré, me conduit à la caisse; et, en moins d'une minute, j'avais touché mon quart d'heure.

(*A Arouet.*)

Vos huit vers ont su si bien plaire,
Qu' si vous m'en aviez écrit cent,
Le roi m'aurait p't' êtr' fait présent
De sa journée entière!

AROUET. Eh bien, M. Lejay, demanderez-vous encore à quoi sert un poète?

LEJAY. Ah! mon dieu, vous voilà bien fier!..

AROUET. Non, mais je suis content d'avoir fait un heureux; car maintenant avec cette somme Jean Remi pourra payer ses dettes, et rien ne s'opposera plus au mariage de Georgette avec son amoureux.

NINON. Comment, Georgette est sur le point de se marier?

GEORGETTE. Oui, mademoiselle... Aujourd'hui l'on va couronner la Rosière, et vous êtes priée, au nom de tout le village, de vouloir bien présider à la cérémonie.

NINON.

AIR *du Fleuve de la vie.*

Moi, couronner une rosière,
Vraiment le choix est trop flatteur !

NINI.

A ma Georgette, je l'espère,
Votr' présenc' va porter bonheur.

NINON, *à part.*

Ah! dans le Mercure de France,
Demain, sur moi que dira-t-on,
Quand on apprendra que Ninon
Couronna l'innocence?

(*Haut.*) N'importe!.. si ma présence peut vous plaire, j'assisterai à la cérémonie.

AROUET, *qui marche d'un air agité, à lui-même.* Maintenant il s'agit de trouver le sujet de ma tragédie. Cherchons... Henri IV... Sully... Mayenne... j'y ai déjà pensé... Mais non, pour la scène il faut des caractères plus ardens, des âmes plus passionnées... Ce n'est qu'avec la passion qu'on remue les cœurs!

NINON, *à part.* Voilà déjà sa tête qui travaille... (*haut.*) Arouet, entrez dans votre bibliothèque... vous y composerez plus à votre aise.

AROUET. Dans ma bibliothèque!.. c'est vrai, elle est à moi... (*à part.*) que ne puis-je en dire autant de celle qui me l'a donnée!.. Du courage! il ne faut pour cela qu'un peu de bonheur; et dix-huit cents vers c'est une bagatelle.

AIR : *Vaudeville des Fleurs et les Papillons.*

Afin de mériter son cœur,
Mettons-nous à l'ouvrage,
Et montrons du courage;
Si je puis mériter son cœur,
Rien ne vaudra tant de bonheur!
Dieu des amans, prodigue-moi tes grâces!
Pour moi, du temps fais avancer le cours!

Avant d'avoir fini mes classes,
Je veux commencer mes amours.

Afin de mériter son cœur, etc.

ENSEMBLE.

NINON.

Allons, mon enfant, de l'ardeur;
Mettez-vous à l'ouvrage,
Et montrez du courage.
Allons, mon enfant, de l'ardeur,
A votre nom faites honneur.

REMI et GEORGETTE.

Monsieur le / Mon petit savant, de l'ardeur;
Mettez-vous à l'ouvrage,
Et montrez du courage.
Monsieur le / Mon petit savant, de l'ardeur;
A son père il doit fair' d' l'honneur.

LEJAY.

Pour mon élève quel malheur
Qu'il se mette à l'ouvrage
Avec tant de courage!
Ah! pour lui c'est un grand malheur!
Du ciel il ne sera pas serviteur.

(*Arouet rentre dans le pavilion; Remi sort suivi de Lejay et Georgette.*)

SCENE VI.

NINON, puis CHATEAUNEUF.

NINON. Le voilà rentré... Quel feu! quel enthousiasme dans l'âme de cet enfant!.. Tout-à-l'heure, je me sentais émue en l'écoutant, en le voyant s'agiter, s'enflammer à l'idée de la gloire!.. Si celle qu'il aime se doutait de l'amour qu'elle inspire, elle en serait fière... et vraiment, je regrette presque de n'avoir plus vingt ans pour être à sa place et user de mon ascendant sur un esprit aussi supérieur! (*Ici Châteauneuf paraît.*) Ah! en parlant d'esprit, voici ce pauvre Châteauneuf qui se creuse encore la tête.

CHATEAUNEUF, *toujours préoccuppé et lisant.* A mon entrée dans l'illustre corps où...

NINON. Comment, marquis, vous en êtes toujours là!

CHATEAUNEUF, *troublé.* Pas précisément, belle Ninon... j'ai presque terminé; c'est que je me relisais... (*à part.*) Voilà une heure que je regarde couler l'eau sous le bocage inspirateur... les idées n'en viennent pas davantage

NINON. Je commence à croire que vous avez eu tort de ne pas prendre un secrétaire.

CHATEAUNEUF. Ah! s'il s'était agi d'exprimer la passion qui depuis long-temps me subjugue... j'aurais écrit cent pages.

NINON. Cela ne vous eût pas avancé à grand' chose, mon ami.

CHATEAUNEUF. Vous serez donc toujours inhumaine envers moi?

NINON. Je ne vous ai rien promis.

CHATEAUNEUF. Mais songez donc que voilà deux ans que je vous aime... que j'attends... et comme l'a très-spirituellement dit Molière, l'ancien tapissier, valet-de-chambre de sa majesté :

> Belle Philis! on désespère
> Alors qu'on espère toujours.

NINON. Mais, aussi, pourquoi espérez-vous?

SCENE VII.

LES MÊMES, AROUET.

AROUET, *dans l'intérieur du pavillon, et ouvrant une fenêtre.* Je ne trouve rien encore... Oh! que c'est difficile à faire une tragédie!

(*Il s'assied devant la table.*)

CHATEAUNEUF, *à Ninon, dont il se rapproche.* Est-il possible de vous voir sans vous aimer... et de vous aimer sans espoir?

AROUET, *écoutant, à part.* Tiens!.. c'est la voix de mon parrain... (*Il regarde.*) En tête-à-tête avec Ninon!.. Eh bien! j'arrive à propos.

NINON. Ne vous ai-je pas dit cent fois que, depuis long-temps, j'avais rompu avec l'amour...

CHATEAUNEUF. Oui, mais l'amour ne veut pas rompre avec vous.

AROUET, *à part.* Ah! le petit fripon!

NINON. J'en suis fâchée pour lui, mais il perdra son temps...

A mon âge, on est trop difficile à séduire... et, pour conquérir le cœur de Ninon, je crois qu'il faudrait maintenant l'assiéger comme une citadelle, et le prendre de force.

AROUET, *à part.* C'est bon à savoir... Heureusement que mon parrain est incapable...

CHATEAUNEUF, *piqué.* Tigresse! femme insensible!

NINON. Insensible!.. Ah! mon ami, ne prononcez pas ce mot, car il serait injuste envers moi... Plus que jamais, au fond de ce cœur que vous accusez d'insensibilité, il y a des larmes!.. et, souvent, quand je suis seule... elles coulent en abondance!

AROUET, *à part.* Pauvre Ninon!.. C'est égal, elle est sensible!.. c'est rassurant pour mon amour.

CHATEAUNEUF. Des larmes!.. et qui peut les faire couler?..

NINON. Des souvenirs, mon ami... des souvenirs cruels!.. et qui suffiraient pour guérir à jamais une femme de l'amour... Afin de vous convaincre, je veux vous en faire connaître le sujet... Ecoutez-moi, et vous me jugerez ensuite.

(Elle s'assied près de la fenêtre du pavillon. Châteauneuf se place à côté d'elle.

AROUET, *s'appuyant sur la rampe de la fenêtre.* Je suis bien aise de me trouver là, pour me convaincre aussi.

NINON. Il y a six ou sept ans, le marquis de Gersey, que j'avais aimé dans ma jeunesse, vint me voir au retour d'un long voyage, et me présenta le chevalier de Villiers, jeune orphelin, disait-il, auquel il portait le plus vif intérêt, et qu'il recommandait à ma bienveillance particulière. Le jeune Villiers était aimable, spirituel, galant, un de ces hommes, enfin, qui, à la première vue, s'emparent de la tête d'une femme, et de son cœur à la seconde...

AROUET. Voilà un rival qui était plus à craindre que mon parrain.

NINON. Pour son malheur... et pour le mien... il m'aima avec transport, et me fit l'aveu de son amour; moi, jusqu'alors, toujours tendre et toujours faible... je reçus ses hommages avec plaisir... je partageai sa flamme avec exaltation... Et le marquis de Gersey, loin de paraître jaloux de cette affection naissante, semblait au contraire l'encourager de tous ses efforts... Mais il ignorait le véritable motif de cette tendresse... Un jour... jour à jamais funeste!.. Mais, pardon, j'ai besoin de respirer un moment...

CHATEAUNEUF. Ninon, remettez-vous, de grâce!.. Vous m'effrayez!

AROUET. Et moi, elle m'attendrit!

NINON. J'aurai le courage d'achever... Un jour, dis-je, heureuse de céder aux pressantes sollicitations de Villiers, je lui accorde un rendez-vous... Il accourt!.. Pauvre jeune homme!.. il me semble le voir encore.., il était à mes pieds,.. me parlant de sa passion... me suppliant avec ardeur de récompenser tant d'amour... J'allais succomber, peut-être, quand tout-à-coup Gersey paraît, pousse un cri, et prononce ces mots terribles : « Malheureux! éloigne-toi... Le fils de Ninon doit-il outrager sa » mère! »

CHATEAUNEUF. Votre fils!

NINON. Lui-même.., que j'avais long-temps pleuré, et dont Gersey, son père, m'avait caché l'existence, comptant, plus tard, le rendre à ma tendresse.

AROUET, *passant ses mains sur son front, et comme inspiré.* O ciel!.. une mère!.. un fils!.. Où donc ai-je lu?.. Je me rappelle confusément quelque chose de semblable... (*Il semble chercher.*)

NINON. Jugez de mon trouble et de mon effroi!.. Je tombai sans connaissance; et, lorsque je repris mes sens, l'infortuné avait disparu!.. Son père, inquiet, courut sur ses pas... Il le retrouva bientôt... mais trop tard!.. Son épée était près de lui... et son corps inanimé...

CHATEAUNEUF. Grand dieu!

NINON. Ninon n'avait plus de fils!

AROUET, *qui a semblé concevoir une idée.* C'est cela... Laïus!.. Œdipe!.. Jocaste!.. Un fils amoureux de sa mère!.. et le fils mort pour elle!.. Oh! le beau sujet! le beau sujet!..

NINON, *se levant.* On nous écoutait, je crois!..

CHATEAUNEUF, *de même.* Qui peut se permettre?..

AROUET, *sortant du pavillon.* Ah! mademoiselle, pardon d'avoir surpris votre secret... Mais je ne puis résister à l'enthousiasme qui me transporte... et je ne donnerais pas ma journée pour la couronne de France!

NINON. Que voulez-vous dire?

AROUET. Que Molière vous dut l'idée de son *Tartuffe*, et qu'Arouet vous devra son *Œdipe!*

NINON. Œdipe!.. Quel étrange rapport!

AROUET.

AIR *de la Vieille.*

C'est le plus beau jour de ma vie!...
Je l'appelais avec ardeur,
Ce moment si digne d'envie,
Qui fait ma gloire et mon bonheur...

O mes vers, je vous remercie !...
Pour jamais le feu créateur
Va consumer mon jeune cœur !
Souvent, hélas ! de ma muse indocile
J'ai maudit la verve stérile ;
Mais à présent plus d'effort inutile...
Je sens qu'il est facile
D'être poète et d'illustrer son nom,
Quand on est guidé par Ninon !
Oui, je le sens, j'illustrerai mon nom,
Car je suis guidé par Ninon !

CHATEAUNEUF. Il faut, monsieur, que vous soyez bien indiscret.

AROUET. Ah ! mon parrain, si vous parlez, vous allez me faire perdre mes idées.

CHATEAUNEUF. C'est qu'il est inconcevable qu'un enfant de cet âge se permette...,

NINON. De l'indulgence, marquis; c'est moi qui l'avais envoyé dans cette bibliothèque... et vous auriez tort de vous fâcher contre lui... Le seul moyen de me faire oublier mes idées pénibles, c'est de lui pardonner, et de parler de choses moins tristes... de la fête qui doit avoir lieu dans le village... Justement je crois entendre les paysans qui se dirigent de ce côté.

CHATEAUNEUF, *à part*. Toujours des importuns !.. C'est égal, ne désespérons pas encore... Plus tard, je reprendrai mon entretien.

AROUET, *de même*. Et moi, mon parrain, je ne vous perdrai pas de vue !

SCÈNE VIII.

LES MÊMES, REMI, GEORGETTE, LEJAY, LE BAILLI, PAYSANS, PAYSANNES.

CHŒUR.

AIR *du Cheval de bronze*.

Tout le village
Ensemble se rend ici ;
Que son hommage
Puisse vous plaire aujourd'hui !

REMI. Mademoiselle, voilà un régiment de fantassins en robes blanche, qui demande à se ranger sous votre commandement.

NINON. C'est me faire trop d'honneur!

REMI, *s'avançant près de Châteauneuf.* Monsieur le marquis, voici une lettre très-pressée, qu'une estaffette de Paris vient d'apporter pour vous.

CHATEAUNEUF, *l'ouvrant.* Eh! c'est de M. de Lamothe, le président de l'Académie... (*Il lit.*) Il m'annonce que le roi vient tout exprès de Versailles pour assister à ma réception.

NINON. Le roi!.. C'est très-flatteur pour vous!

CHATEAUNEUF, *se troublant.* O ciel!.. « Sa majesté, devant partir demain pour Compiègne, a fait avancer d'un jour la séance, qui doit avoir lieu aujourd'hui, à deux heures. »

AROUET, *à part.* Bon!.. je me trouverai seul ici avec Ninon!

CHATEAUNEUF, *avec désespoir.* Et mon discours qui n'est pas encore fait!

NINON. Mais vous me disiez tout-à-l'heure qu'il était presque fini.

CHATEAUNEUF. Sans doute... mais c'est un brouillon tellement confus... Je vais être mystifié, baffoué aux yeux du monarque et de tout le corps académique.

AROUET, *à part.* Diable! s'il allait lui prendre envie de rester... ça ne ferait pas mon affaire!.. Oh! quelle idée!.. (*Bas, tirant un manuscrit de sa poche.*) Mon parrain, voici votre discours.

CHATEAUNEUF. Hein!.. comment, mon discours?..

AROUET. Que j'ai trouvé sur votre bureau, et que j'ai remis au net, de ma main... (*à part.*) avec des variantes, et considérablement d'augmentations!

CHATEAUNEUF, *à part, et feuilletant le manuscrit.* Je n'en reviens pas!.. Je n'avais écrit que dix lignes... et maintenant il y a dix pages!.. Comment! c'est toi, petit bonhomme...

AROUET, *bas et vite.* Silence, mon parrain... ne compromettez pas l'Académie française, dans un de ses plus honorables membres!

CHATEAUNEUF, *de même.* Tu me tires-là d'un bien mauvais pas!.. (*Bas.*) Ah ça! dis-donc, Arouet, il n'y a pas de fautes d'orthographe?

AROUET. Mon parrain, il n'y en a plus!

NINON. Marquis, faites mettre les chevaux à votre carrosse, et partez vite... vous n'avez pas de temps à perdre.

AROUET. C'est ça... Allez recevoir la couronne académique.

NINON. Pendant ce temps-là, Ninon va disposer d'une couronne de rosière.

AROUET, *à part.* Voilà deux couronnes entre bonnes mains.

CHATEAUNEUF, *à part.* Avant de partir, ménageons-nous une entrevue avec elle.

Suite de l'air précédent.

Ici j'espère
Etre de retour ce soir.
Veuillez, ma chère,
M'attendre en votre boudoir.

NINON.

Il suffit, je vous attendrai;
Au boudoir je me rendrai.

AROUET *qui vient d'écouter, à part.*

Oui, mais moi, bon gré malgré,
J'y serai;
Et, mon cher parrain, on verra
Qui de nous l'emportera!
Au rendez-vous on sera.

CHATEAUNEUF, *à part.*

Si je suis couronné ce soir,
J'entrevois un bien doux espoir.

AROUET, *à part.*

Mon cher parrain, il faudra voir!
A ce soir. (*ter.*)

CHOEUR.

Tout le village
Ensemble se rend ici:
Que son hommage
Puisse vous plaire aujourd'hui!

(*Pendant le chœur, le Bailli se met à la tête des villageois et les fait défiler devant Ninon; Châteauneuf va pour offrir la main à cette dernière, mais Arouet, plus vif, le prévient, et emmène Ninon d'un air de triomphe.*)

(*La toile tombe.*)

FIN DU PREMIER ACTE.

ACTE II.

Un Boudoir élégant, porte au fond. — Sur un des côtés de la scène, un Sopha. — De l'autre, une Table, et dessus des Bougies allumées.

SCENE PREMIERE.

LEJAY, REMI.

LEJAY, *entrant suivi de Remi.* Venez, Remi; on n'est pas encore sorti de table, et ici nous pourrons causer sans être dérangés.

REMI. Je vous répète que je ne veux plus entendre parler d'elle... Mille z'yeux! se faire séduire par ce petit blancbec de Julien!.. moi qui croyais que leur amour était pur et honnête!.. Perdre la dot qui revenait à la Rosière!.. où en retrouvera-t-elle une autre maintenant?.. L'argent que j'ai reçu à Versailles est déjà entre les mains de mes créanciers.

LEJAY. Georgette a commis une grande faute, sans doute; mais elle peut trouver moyen de la réparer.

REMI. Et comment?

LEJAY. En entrant aux Ursulines, où au bout de trente ou quarante ans de repentir...

AIR *de Lantara.*

Mon cher, avec le ciel, je pense,
Il est des accommodemens;
Elle obtiendra son indulgence,
Mais il faut y mettre le temps,
Elle doit y mettre le temps
Que par la prière elle gagne,
Près des élus, le trésor qu'il lui faut!

REMI.

C'est un peu dur de se mettre en campagne
Pour aller le chercher si haut!

LEJAY. Allons, allons, Jean Rémi, vous n'y entendez rien... et je vous prouverai bientôt... Mais, chut! j'aperçois mon élève qui vient de ce côté... ne parlons pas de cela devant lui... Il a des idées si mondaines!..

SCENE II.

LES MÊMES; AROUET.

AROUET, *accourant, la tête un peu échauffée par le vin.*

AIR : *Aumônier du régiment.*

Quel repas délicieux
Et joyeux!
Le champagne est le nectar des cieux!
On n'est pas plus amoureux,
Plus heureux,
Même au banquet des dieux!
Avec les vins qui pétillent
Naissent la verve et l'esprit;
Bientôt les bons mots fourmillent :
On boit, l'on chante et l'on rit.
Parfois une femme aimable,
Pour prix d'un propos galant,
A son voisin, sous la table,
Abandonne un pied charmant.

Quel repas délicieux,
Etc., etc.

LEJAY. Il paraît que la bonne chère et les vins de mademoiselle de Lenclos vous ont rendu bien bavard!.. Vous devriez pourtant ménager votre tête, assez mauvaise, même quand vous êtes à jeûn.

AROUET. C'est ça, vous auriez voulu me traiter ici comme au réfectoire du collége, où vous me répétiez sans cesse, en me versant de l'abondance ou de l'eau claire :

Sobrietas, virtus est juventutis.

A quoi vous ajoutiez, lorsque je vous faisais observer que vous ne buviez jamais que du vin pur :

Bonum vinum lætificat cor hominis.

LEJAY. C'est bon, mauvais plaisant!.. je n'ai pas besoin de vos observations.... Venez, Jean Remi.

AROUET. Tiens! qu'est-ce qu'il a donc le vieux brave?.. comme il a l'air triste!.. est-ce parce que Georgette a manqué la rose?.. Que voulez-vous!.. il faut en prendre son parti.

REMI. C'est bien facile à dire... mais quand on n'a plus d'autre ressource que de mettre sa fille au couvent...

AROUET. Au couvent! Et qui a pu faire naître en vous une pareille idée?

LEJAY. Moi, monsieur... C'est le neuvième sujet que j'y aurai fait entrer cette année.

AROUET. Comment! c'est vous qui osez donner de pareils conseils à un père!.. Allez, vous devriez rougir de votre conduite.

LEJAY. Silence! vous êtes encore trop jeune pour comprendre...

AROUET. Du tout! c'est vous qui êtes trop vieux.

AIR : *Amis, voici la riante semaine.*

Eh! quoi! l'amour, la beauté, la jeunesse,
Doivent-ils donc s'enterrer tout vivans?
Ce fut sans doute un cœur froid, sans tendresse,
Qui, par dépit, inventa les couvens!
Ah! si ma voix dans ces funestes tombes
Pouvait, hélas! pénétrer aujourd'hui,
Je m'écrîrais : Sortez, douces colombes,
Dieu ne veut pas que l'on souffre pour lui.

REMI. Eh! mon dieu! je ne dis pas non... Mais si les parens de Julien ne veulent plus consentir à son mariage avec Georgette...

AROUET. Je leur parlerai.

LEJAY. Et moi aussi... (*à part.*) je vais même les aller trouver de ce pas... De cette façon, si je perds mon jésuite, je me rattrapperai peut-être sur mon ursuline... (*haut.*) Venez, Jean Remi.

(*Il entraîne Remi, en lançant des regards courroucés sur Arouet.*)

SCENE III.

AROUET, *seul.*

Oh! cela ne sera pas, j'en réponds!.. Pauvre fille!.. je ne

souffrirai pas qu'on la sacrifie!.. mais les voilà pa tis; tant mieux !.. car avant de m'occuper des affaires des autres, il est juste de penser aux miennes... Il est sept heures... mon parrain n'est pas encore revenu de Paris... Ninon ne va pas tarder à se rendre dans ce boudoir, comme elle le lui a promis ; et à la place de l'académicien, c'est l'écolier qu'elle trouvera : il me semble qu'elle ne perdra rien au change... Dieu ! quel honneur, si je pouvais ajouter mon nom à ceux des Condé, des Coligny, des Villarceaux!.. Ce matin, je n'ai pas pu lui parler de mon amour; mais, ce soir, je sens que j'aurai du courage, de l'audace!.. j'irai jusqu'à... Ah! ah! je ne sais pas trop jusqu'où j'irai... Mais quelqu'un marche dans la galerie... c'est elle sans doute... (*Il entr'ouvre un peu la porte et regarde.*) oui... là voilà!.. Que vois-je!.. mon parrain l'accompagne... Il est déjà de retour, et je l'ignorais!.. Voilà tout mon plan dérangé... je n'ai plus le temps d'en inventer un autre... N'importe, mon rival ne profitera pas seul de son bonheur... j'assisterai au rendez-vous... Mais où me cacher?.. sous la table... ils pourraient me voir... Ah! sous ce sopha... de là j'observerai tout, j'entendrai tout sans qu'ils s'en doutent.

(*Il se glisse sous le sopha, et se place de manière à être vu du public.*)

SCENE IV.

AROUET, *caché*; NINON, CHATEAUNEUF.

NINON, *à Châteauneuf, en entrant.* Vous le voyez, marquis, je vous tiens parole... je suis exacte au rendez-vous.

CHATEAUNEUF, *à part.* Quel empressement!.. Cette femme-là m'aime plus qu'elle ne le croit.

NINON. Eh bien, tout s'est-il passé comme vous le désiriez ? votre discours a-t-il eu du succès?

CHATEAUNEUF. Un succès colossal!

NINON. Cela me fait bien plaisir.

AROUET, *à part.* Et à moi aussi.

CHATEAUNEUF. Mais, si vous désirez de plus amples détails, asseyons-nous là, sur ce canapé; car je tombe de lassitude.

NINON. Volontiers. (*Elle s'assied.*)

AROUET, *à part.* Ah! mon dieu! et moi qui suis dessous!

CHATEAUNEUF, *à part.* Tâchons de l'éblouir par ma célébrité. (*s'asseyant auprès de Ninon.*) Figurez-vous, ma chère Ninon, que j'ai électrisé l'auditoire... A chaque phrase, c'étaient des bravos, des cris, des trépignemens!.. Foi de gentilhomme, j'étais embarrassé de mon triomphe.

AROUET, *à part*. Il me semble qu'il pourrait bien dire notre triomphe.

NINON. Et le roi?..

CHATEAUNEUF. Le roi m'a serré la main!.. « Marquis, » m'a-t-il dit devant toute la cour, « je vous félicite... l'auteur de ce discours doit un jour faire honneur à la France... » Sire, lui ai-je répondu, votre suffrage me transporte et me rendra capable de faire encore mieux par la suite.

AROUET, *à part*. Par exemple, voilà un effronté menteur!

CHATEAUNEUF.

AIR : *On dit que je suis sans malice.*

Maintenant, tout couvert de gloire,
Je reviens, après ma victoire,
Rendre grâce à ces yeux si beaux
Qui m'inspiraient dans mes travaux.
Oui, mes lauriers sont votre ouvrage,
Et je dois vous en faire hommage.

AROUET, *à part.*

Mon pauvre marquis, tu confonds
Les lauriers avec les chardons!

NINON. Vous ne sauriez croire, mon ami, combien je suis aise de vos succès.

CHATEAUNEUF. Ah! Ninon, il n'en manque plus qu'un seul à mon bonheur... aurez-vous encore la cruauté de me le refuser?

NINON. Oh! pour celui-là...

CHATEAUNEUF. Songez que c'est pour vous que je me suis illustré... qu'à présent je suis digne de votre amour...

AROUET, *à part*. C'est trop fort! il voudrait avoir tous les profits sans mise de fonds!

CHATEAUNEUF. Je vous en conjure, ne soyez plus inflexible... laissez-moi presser cette jolie main.

NINON, *le repoussant*. Châteauneuf... de grâce!..

AROUET, *à part*. Dieu! je crois qu'il s'émancipe! Attends, beau Céladon, je vais te calmer... Justement voici une épingle.

(Il ramasse une épingle à terre.)

CHATEAUNEUF. Ninon, c'est en vain que vous me résistez... Je suis piqué au vif... Aye!

(Il s'arrête tout court et porte vivement la main à sa jambe.)

NINON. Qu'avez-vous donc ?

CHATEAUNEUF, *faisant la grimace.* Oh ! ce n'est rien... une maudite épingle qui se trouvait sans doute dans ce meuble... et que je me suis sans doute enfoncée dans la jambe.

AROUET, *à part.* Avec ma main.

CHATEAUNEUF. Mais cela ne m'empêchera pas de vous répéter ce que je vous ai déjà dit cent fois... que je ne puis plus vivre sans votre tendresse.

AIR *du vaudeville de la Haine d'une Femme.*

Voilà deux ans que je soupire,
Et que je meurs d'amour pour vous ;
Le prix d'un si tendre martyre,
Je le demande à vos genoux !..
(*Il tombe à ses pieds.*)
Chère Ninon, je vous adore !..
Aïe !..

NINON, *riant.*

Et qu'avez-vous donc encore ?

AROUET, *à part.*

C'est pour calmer le feu qui le dévore.

CHATEAUNEUF, *balbutiant.*

Je disais que je vous adore.

(*Parlé.*) C'est inconcevable !.. il faut que ce meuble soit hérissé d'épingles.

(*Il se baisse, regarde, et soulève la draperie qui couvre le sopha.*)

AROUET, *sortant adroitement de dessous le sopha, et se glissant derrière.*

Suite de l'air.

Cherchez partout, et cherchez bien,
Mais vous ne trouverez plus rien ;
Voyez partout, et voyez bien,
Bientôt vous ne verrez plus rien !
(*Il souffle les deux bougies, l'obscurité devient complète.*)

NINON, *se levant.* Que faites-vous, Châteauneuf ? pourquoi éteindre ces lumières ?

CHATEAUNEUF. Mais ce n'est pas moi... j'allais vous faire la même question.

NINON. A moi ?.. qui n'ai pas bougé d'ici !

CHATEAUNEUF. Et moi qui n'ai pas quitté cette place... Il faut qu'une porte ouverte... un coup de vent peut-être...

AROUET, *à part.* Bon ! voilà un coup de vent qui m'arrive à propos.

CHATEAUNEUF. Au surplus, ne vous alarmez pas, ma toute belle... Je serais incapable d'abuser de l'obscurité... je vais sonner vos gens.

NINON. Y pensez-vous ?.. Que dirait-on en me voyant avec vous au milieu des ténèbres !

CHATEAUNEUF. C'est juste !.. je vais aller moi-même rallumer ces bougies.

AROUET, *à part.* C'est tout ce que je voulais... Pour un rival, il est d'une complaisance !..

CHATEAUNEUF, *faisant quelques pas à tâtons et se heurtant contre Arouet.* Aye !.. Pardon, ma chère Ninon.

NINON. Qu'est-ce encore ?

CHATEAUNEUF. Je suis d'une maladresse...

AROUET, *à part.* Cette fois, il se rend justice.

CHATEAUNEUF, *touchant la table.* Ah ! m'y voici... je tiens les flambeaux.

AROUET, *à part.* C'est bien heureux !

CHATEAUNEUF. Ne vous impatientez pas... Vos gens sont peut-être à dîner à l'office... c'est un peu loin... mais je vais courir pour être revenu plus vite.

AROUET, *à part, en suivant Châteauneuf qui se dirige vers la porte.* Ne vous pressez pas, mon parrain, je remplirai très bien votre place... (*fermant la porte sur Châteauneuf qui vient de sortir.*) D'ailleurs, vous ne rentrerez plus ici qu'avec ma permission.

(*Il pousse le verrou.*)

SCENE V.

AROUET, NINON.

NINON. Que fait-il donc ? il m'enferme.

AROUET, *à part.* Me voici enfin seul avec elle,.. Tâchons d'être plus adroit que mon parrain. (*haut, faisant quelques pas.*) Hum ! hum !

NINON. Comment, Châteauneuf, vous êtes encore là ?

AROUET, *s'approchant et d'un ton décidé.* Non, belle Ninon, ce n'est plus lui.

NINON. Qu'entends-je !.. quel son de voix !.. Eh quoi, petit effronté, c'est vous !..

AROUET. Moi-même.
NINON. Comment vous trouvez-vous ici ?
AROUET. C'est mon secret.
NINON. Qui vous y amène ?
AROUET. L'amour !
NINON. Et qui vous inspire cet amour ?
AROUET. Celle dont je vous parlais ce matin.
NINON. Mais, enfin, qui donc est-elle ?

AROUET.

AIR : *Mire dans le puits tes yeux.* (Loïsa Puget.)

Je vous le dirai tout bas,
Tout bas, en cachette ;
Je vous le dirai tout bas,
Mais, n'en parlez pas ;
Sur cela montrez-vous discrète,
On ne s'en doutera pas.

Celle pour qui je soupire
A vos traits, votre bonté,
Vos doux yeux, votre sourire,
Et votre amabilité ;
Aussi tout cela m'inspire
Amour et témérité !..

NINON (*parlé.*) Vous m'effrayez... De grâce, dites-moi...

AROUET.

Je vous le dirai tout bas,
Tout bas, en cachette ;
Etc., etc.

Peut-être que mon jeune âge,
Mon trouble et mon embarras,
Lui déplairont, c'est dommage ;
Car je n'y peux rien, hélas !
Elle est si bonne et si sage,
Qu'elle doit guider mes pas...

(*Il prend la main de Ninon.*)

NINON (*parle*). Comment, monsieur, vous vous permettriez...

AROUET.

Oh ! je vous le dis tout bas

Tout bas, en cachette;
Oh! je vous le dis tout bas,
Etc., etc.

NINON. Ainsi, monsieur, ce matin, vous ne m'aviez caché votre secret que pour vous introduire ce soir furtivement auprès de moi?

AROUET. Ce matin... ce matin... je n'ai pu me trouver seul avec vous... D'ailleurs, je n'avais pas encore acquis de droits à votre amour; mais j'ai trouvé le sujet de ma tragédie... j'en ai déjà écrit une scène... dans huit jours elle sera faite... et je viens réclamer d'avance le prix de votre promesse.

AIR : *Le comte Ory, châtelain redouté.*

De votre amant je veux le nom si doux;
Je le réclame,
Je le demande à genoux.
(*Il se jette à ses pieds.*)
Vrai dieu! madame,
Me le refuserez-vous?

NINON. En vérité, c'est lui qui me fait peur à présent!

AROUET.

Air précédent.

Je veux encor...

NINON, *reculant.*

Grand dieu! que voulez-vous?..

AROUET.

Baiser bien tendre;
Si, malgré votre courroux,
Je sais le prendre,
Me le refuserez-vous?

(*Il l'embrasse.*)

J'ai embrassé mademoiselle de Lenclos avant mon parrain! Me voilà l'amant de Ninon!.. l'amant avoué!.. l'amant en titre!..

(*Il se promène avec importance. — On entend frapper doucement à la porte.*)

NINON. Quel est ce bruit?

AROUET. C'est mon rival qui revient avec la lumière, pour éclairer sa défaite. (*On frappe.*)

NINON, *riant.* Ce pauvre Châteauneuf!.. Ah! ah! ah!.. je ne puis m'empêcher de rire de l'aventure.

(*Arouet va ouvrir.*)

SCENE VI.

LES MÊMES, CHATEAUNEUF, *tenant deux flambeaux allumés.*

CHATEAUNEUF, *sans voir Arouet.* Pardon, si je me suis fait attendre... Mais, en route, le vent a éteint deux fois ces maudites bougies.

AROUET, *lui prenant les flambeaux des mains.* Désolé de la peine que vous avez prise, mon parrain.

CHATEAUNEUF. Que vois-je! Arouet!.. Qui vous a donné le droit de venir dans ce boudoir, et de rester seul avec mademoiselle de Lenclos?

AROUET. Vous-même... en allant allumer ces bougies... car j'étais ici avant vous.

CHATEAUNEUF. Dieu!.. et je ne l'avais pas vu!

AROUET. Non, mon parrain... (*bas, à Ninon.*) Mais il m'avait senti... Vous rappelez-vous les coups d'épingle?..

NINON, *à part.* C'était lui!.. Ah!.. ah!.. ah!...

CHATEAUNEUF. Quelle audace! marcher sur les brisées d'un homme tel que moi!.. Mauvais sujet!.. je vais vous renvoyer au collége sur-le-champ!

AROUET. C'est ce qu'il faudra voir!

CHATEAUNEUF. Qui pourra m'en empêcher?

AROUET. Vous allez le savoir... Mon parrain, avez-vous lu Lafontaine?

CHATEAUNEUF, *à part.* Lafontaine!.. Où veut-il en venir?

AROUET. Connaissez-vous la fable du *Geai paré des plumes du Paon?*

CHATEAUNEUF, *à part.* Aïe! aïe! je ne m'attendais pas à cela!

AROUET. Vous vous taisez... Eh bien! écoutez :

(*Prenant le ton d'un écolier.*)

« Un paon muait, un geai prit son plumage;
» Puis, après, se l'accommoda,
» Puis, parmi d'autres paons, tout fier se panada,
» Croyant être un grand personnage.
» Quelqu'un le reconnut... »

Comprenez-vous, mon parrain?

CHATEAUNEUF, *embarrassé.* Oui, oui, monsieur... je commence à comprendre...

NINON. Comment! marquis, serait-ce, par hasard, votre filleul qui aurait fait le discours académique?..

CHATEAUNEUF. Non, mademoiselle; seulement il m'a un peu aidé.

AROUET. Oh! bien peu... Mon parrain a fourni le papier, la plume et l'encre... moi, les idées : voilà tout!

CHATEAUNEUF. Dieu! j'entends du monde... (*Bas, à Arouet.*) Je t'en prie, mon ami, ne va pas dire...

AROUET. Soyez tranquille... Vous avez profité de mon discours... moi, de votre rendez-vous... Nous sommes quittes; et je vous laisse mon plumage. (*A part.*) Il peut faire la roue tant qu'il lui plaira.

SCENE VII.

LES MÊMES, SEIGNEURS ET DAMES, UN PAGE, *portant, d'une main, un coussin de velours, sur lequel est un cordon bleu, et, de l'autre, un paquet contenant des dépêches; dans le fond,* PAYSANS ET PAYSANNES.

CHŒUR.

AIR *de la Muette.*

Il vient ici d'arriver un message;
Accourons tous, il faut savoir pourquoi,
En ce moment, un jeune et brillant page
Dans le château pénètre au nom du roi.

LE PAGE. De la part de Sa Majesté, à M. le marquis de Châteaneauf.

AROUET, *s'approchant du page.* Le cordon-bleu!

CHATEAUNEUF. Le cordon-bleu!

AROUET, *prenant le cordon.* Mon parrain, permettez-moi de vous en décorer de ma propre main... (*Bas, à Châteauneuf, en lui passant le cordon.*) C'est encore un cadeau que je vous fais...

CHATEAUNEUF, *même jeu.* Veux-tu te taire!

AROUET, *à la société.* Messieurs, félicitez monsieur le marquis de Châteauneuf... Voilà un beau ruban, bien gagné!.. (*A part.*) comme tant d'autres! (*Tout le monde entoure Châteauneuf.*)

CHATEAUNEUF, *saluant avec suffisance, à gauche et à droite.* Messieurs, messieurs, je suis confus...

AROUET, *à part.* Voilà mon parrain qui fait la roue ! (*Prenant le paquet de dépêches des mains du page.*) Que vois-je !.. A M. le marquis de Châteauneuf, ambassadeur à La Haye.

CHATEAUNEUF. Il se pourrait !.. (*Ouvrant vivement le paquet.*) Oui... voilà mes lettres de créance !.. Académicien !.. cordon-bleu !.. ambassadeur !.. Que d'honneurs à la fois !.. J'en ai un éblouissement.

AROUET. Voilà ce que c'est que d'avoir du mérite !

NINON, *bas, à Châteauneuf.* Marquis, c'est pourtant à votre filleul...

CHATEAUNEUF. Chut !

AROUET, *même jeu.* Avouez, mon parrain, que vous n'avez pas fait une mauvaise affaire en me tenant sur les fonts de baptême.

SCENE VIII.

LES MÊMES, LEJAY, GEORGETTE, REMI.

LEJAY, *tenant Georgette par la main, et s'approchant de Ninon.* Allons, mon enfant, le temps presse... Venez faire vos adieux à mademoiselle de Lenclos.

AROUET. Georgette, ma protégée !.. Où la conduisez-vous ?

GEORGETTE, *en pleurant* Aux Ursulines, M. Arouet.

AROUET. Ne vous donnez pas cette peine, M. Lejay... Maintenant elle peut épouser Julien, car son excellence se charge de la doter.

CHATEAUNEUF. Qui ?... moi ?..

AROUET. Oui, monseigneur... Le roi a donné au père un quart-d'heure de ses revenus, vous pouvez bien donner à la fille un mois de vos appointemens... (*Bas, à Châteauneuf, qui hésite.*) Sans cela, je serai obligé de recommencer ma fable :

« Un paon muait... »

CHATEAUNEUF, *l'interrompant.* C'est bon ! c'est bon !.. je consens à tout ; et même, mon garçon, si tu veux m'accompagner à La Haye, en qualité de secrétaire ?..

AROUET. Merci, mon parrain, j'aurais trop de besogne... D'ailleurs, je me dois aux Muses.

NINON. Arouet, souvenez-vous que vous avez promis Œdipe à la France.

AROUET. Je lui tiendrai parole... Je le jure... par Ninon !

NINON, *à part.* Voilà un enfant qui fera quelque jour un grand homme !

LEJAY, *à part.* **Quel dommage !.. Il aurait fait un si bon jésuite !**

CHOEUR FINAL.

AIR *de mademoiselle Loisa Puget.* (*de la 5e scène du 2e acte.*)

Gloire à notre ambassadeur !
Par son éloquence
Il va soutenir la France,
Et lui faire honneur.

AROUET, *au Public.*

Messieurs, de votre colère
Maintenant je crains l'effet;
De captiver le parterre
J'avais formé le projet...
Mais par malheur, pour lui plaire,
Si je n'ai pas assez fait...
Ah! dites-le-moi tout bas,
Tout bas, en cachette...
Ah! dites-le-moi si bas
Qu'on n'entende pas...
Sur cela je serai discrète,
On ne s'en doutera pas.

REPRISE EN CHOEUR.

Gloire à notre ambassadeur !
Etc., etc.

FIN DU SECOND ET DERNIER ACTE.

www.ingramcontent.com/pod-product-compliance
Ingram Content Group UK Ltd.
Pitfield, Milton Keynes, MK11 3LW, UK
UKHW020950220726
13924UKWH00002B/604

9 782019 975562